TRAITÉ GÉNÉRAL DES PEINTURES A L'EAU OU LAVIS A L'ENCRE DE CHINE

Pour l'architecture,
en couleurs pour les cartes et plans topographiques

A LA GOUACHE

LA SÉPIA — L'AQUARELLE — LA DÉTREMPE — LA FRESQUE ET LA MINIATURE

Dans toutes leurs applications industrielles
sur papier, carton, ivoire, bois, parchemin, peau de vélin et autres;
sur étoffes, soie, velours, etc.

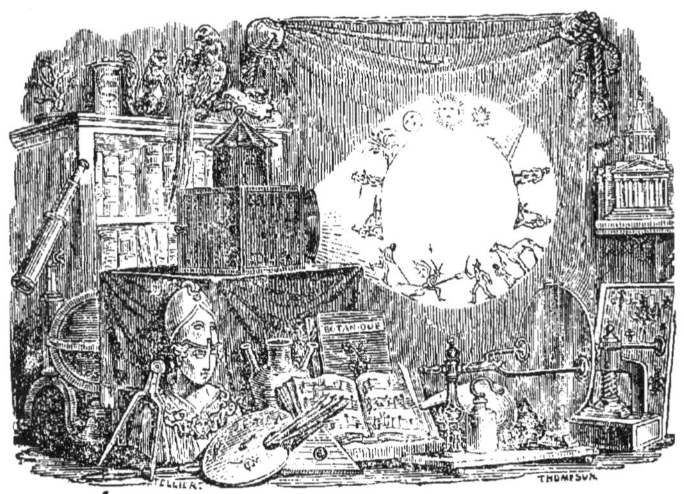

PARIS

CHEZ L'AUTEUR
95, rue Saint-Honoré, 95

ARNAULD DE VRESSE, ÉDITEUR
55, rue de Rivoli, 55

1867

TRAITÉ GÉNÉRAL

DES

PEINTURES A L'EAU

OU

LAVIS A L'ENCRE DE CHINE

Pour l'architecture,
en couleurs pour les cartes et plans topographiques

A LA GOUACHE

LA SÉPIA — L'AQUARELLE — LA DÉTREMPE — LA FRESQUE
ET LA MINIATURE

Dans toutes leurs applications industrielles
sur papier, carton, ivoire, bois, parchemin, peau de vélin et autres;
sur étoffes, soie, velours, etc.

DEUXIÈME ÉDITION, REVUE ET AUGMENTÉE

PAR L. D. RENAULD

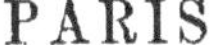

PARIS

CHEZ L'AUTEUR
95, rue Saint-Honoré, 95

ARNAULD DE VRESSE, ÉDITEUR
55, rue de Rivoli, 55

1867

CHEZ LE MÊME AUTEUR

Peinture sur porcelaine dure, tendre, émail, miniature, genre limosin, faïence, verre, etc., d'après les méthodes les plus perfectionnées et les plus récentes, 2e édit. 2 fr.

Manuel artistique et industriel, contenant les Traités de dessin industriel, de morphographie, des ombres, hachures, estompes, de géométrie, de perspective, fusain, etc., avec 22 planches d'études, 1 vol. in-8° 1 fr.

Entomologie populaire, chasse et conservation des insectes, 2e édit. 50 cent.

Le Parfait Chasseur du gibier à plume et à poil, 1 vol. 1 fr

Le Parfait Jardinier fleuriste à la ville, à la campagne et dans les appartements, 1 vol., noir 1 fr., colorié 1 fr. 50

L'Éducation professionnelle obligatoire, etc., 1 vol. 60 cent.

Nouveau système militaire. Plus de conscription. 1 vol. in-8° 75 cent.

Les Erreurs judiciaires. 1 vol. in-8° 75 cent.

LAGNY. — Imp. de A. VARIGAULT

TRAITÉ GÉNÉRAL DES PEINTURES A L'EAU

L'art en général a pour but l'étude de la nature, et pour application tout ce qui peut embellir la vie de l'homme en élevant son intelligence par la multiplicité des images du beau et par la diversité des moyens de produire ce beau autour de lui.

Un simple dessin au crayon est un moyen d'exprimer le beau qui nous frappe; un croquis spirituel d'un site, d'une figure en mouvement, d'une plante ou d'un animal est la plus rapide et intime expression, bien qu'abrégée, de ce qui a le plus vivement impressionné l'artiste en présence d'un site, d'une attitude d'homme vivant et pensant, d'un végétal, d'un animal ou d'un objet inerte. Une main habile dirigée par une intelligence et une âme vivement impressionnables, sait donc, avec quelques traits de crayon, évoquer la vie sur le papier; et si d'autres moyens plus parfaits, tels que ceux du pinceau et de la couleur viennent s'ajouter au talent du dessinateur, l'œuvre de l'artiste gagne en puissance et en valeur.

Nous offrons donc ici à ceux que leur bon goût et leurs instincts naturels portent vers les arts du dessin, cette étude pratique des moyens d'imitation que les diverses branches des peintures d'aquarelle, c'est-à-dire à l'eau (aquarella, peinture à l'eau) offrent dans tous les genres aux amateurs en général, et, dans certains genres spéciaux, aux praticiens des industries artistiques.

Du choix des pinceaux. — Comment il faut s'y prendre pour les hamper.

Les pinceaux dont on se sert pour l'aquarelle sont en martre ou en petit-gris. Pour choisir un pinceau, il faut en mouiller le poil dans un verre d'eau, en ôter le trop plein, puis l'appuyer sur la paume de la main gauche, tandis qu'entre le pouce et l'index de la main droite, on le fait rouler de manière à façonner le poil en une pointe parfaite.

Si, en cet état, cette pointe se montre peu fournie et trop amincie, le pinceau est mauvais, car, étant trop flexible, il ne saurait se relever lorsqu'il s'est courbé en se desséchant sur le papier.

Il faut se défier aussi d'un pinceau trop ventru, car, ayant le défaut de prendre trop de couleur, il est difficile de s'en rendre maître, et souvent il arrive que tandis que sa pointe étend la couleur où l'on veut qu'il y en ait, son ventre en met où il n'en faudrait pas, et déborde les contours qu'on doit ménager.

Enfin, si, en essayant sur la main la pointe d'un pinceau, quelques poils s'échappent du centre commun et s'en vont de çà et de là, il faut le mettre au rebut sans miséricorde.

Lorsqu'on veut hamper un pinceau, c'est-à-dire le monter après le petit bâtonnet appelé hampe, il faut d'abord le faire tremper dans un verre d'eau, et n'introduire la hampe dans le tuyau de plume que quand il est bien humecté; autrement la plume pourrait éclater et se fendre, et ce serait un pinceau perdu.

Les pinceaux doivent être emmanchés (ou hampés) deux à deux, l'un devant servir pour étendre la couleur, et l'autre pour la fondre; il faut les acheter assortis, de manière à ce que les plus gros puissent laver les ciels, les terrains, les draperies, tandis que les moyens indiqueront les ombres, les retouches, l'ébauche des chairs, et que les plus petits seront utilisés pour les travaux délicats et qui demandent de la précision et de la fermeté.

On ne doit jamais négliger de laver les pinceaux quand on a achevé de travailler, spécialement si l'on s'est servi de gomme en les employant.

De l'emploi des verres et des soucoupes.

Pour ne pas se trouver forcé de changer son eau trop souvent, il faut toujours avoir un de ses verres qui ne serve qu'à contenir l'eau dont on délaie les tons sur la palette. Dans l'autre on lave les pinceaux, en ayant soin de les dégorger d'abord dans la soucoupe sur laquelle il est posé; de cette façon, on peut travailler une longue séance sans avoir besoin de se déranger.

Lavis à l'encre de Chine.

Aux ouvriers praticiens des nombreuses industries qui ont besoin du secours et des connaissances d'art, nous recommandons particulièrement l'étude du lavis à l'encre de Chine et nous entrerons en matière d'abord, par ce qui a trait à ce sujet qui est d'une utilité généralement indispensable au plus grand nombre.

Nous admettons que le lecteur connaît déjà le dessin et sait employer habilement les instruments de l'étui de mathématiques: l'équerre, le compas, la règle, le crayon, le tire-ligne, et s'est rendu habile dans ce qu'on nomme la représentation géométrale et le tracé des contours de toutes les parties d'un plan etc., etc.,

Dans le genre de peinture appelé lavis, qu'on emploie pour remplir les contours tracés géométriquement par des teintes plates ou dégradées, il est avant tout nécessaire d'opérer sur du papier convenablement collé et tendu, et d'employer de bons pinceaux et de l'encre de Chine de bonne qualité.

Objets matériels nécessaires :

Une planche à dessin, carton ou stirator. — Un morceau de colle à bouche. — Des pinceaux gros, moyens et fins.

Une planche à dessin bien planée et proportionnée à la grandeur de l'ouvrage est indispensable. Quelques personnes, pour des lavis de peu d'étendue, se servent de feuilles ou plaques de fort carton, ou de l'appareil connu sous le nom de stirator qui consiste en deux châssis s'emboîtant à feuillure l'un dans l'autre et dont l'un, garni d'une toile fine, sert à poser la feuille de papier à laver dont il faut généralement mouiller une des faces (celle qu'on tourne vers le canevas); les bords de la feuille une fois mouillée sont pincés entre le grand châssis qui sert de cadre et la feuillure du châssis garni de toile; l'eau s'évaporant par derrière le canevas, la feuille de papier devient tendue comme un tambour.

Pour tendre sur la planche à dessin ou sur un carton, on commence par étendre sur une grande table une serviette blanche sur laquelle on pose, avec précaution d'éviter toute cassure, la feuille de papier qu'on a choisie pour le travail, on place, à peu près à un doigt de distance du bord, une règle plate, et tenant d'une main cette règle bien fixe, on fait, avec l'autre main, c'est-à-dire la main droite, et en appuyant tout le long de la règle le bord du papier qu'on relève avec l'ongle du pouce, un rebord soulevé, aux quatre côtés de la feuille ; cette opération a pour objet de préparer en quatre plis la place où l'on doit appliquer la colle à bouche. On prend alors une moyenne éponge (les éponges d'un jaune pâle a tissu serré et fin sont préférables) qu'on a eu soin de bien nettoyer des petites pierres qu'elles renferment quelquefois, on la trempe dans l'eau filtrée qu'on tient dans un verre et on la promène délicatement sur toute la surface du papier renfermée dans les bords relevés des quatres plis faits avec l'ongle en ayant soin de ne pas laisser une seule partie sans la mouiller, sauf les quatres plis en question qu'il faut laisser parfaitement secs. On laisse évaporer un instant l'eau laissée par l'éponge, et dès qu'en regardant la feuille de côté on n'en voit plus reluire la superficie qui ne doit conserver qu'une humectation demi-mate, on retourne la feuille qu'on pose alors sur la planchette ou le carton, on a par conséquent vers soi la partie sèche.

On se munit alors d'une feuille de papier blanc bien nette et propre, qu'on pose par dessus pour la préserver du contact de la main qui pourait graisser l'épiderme du papier qu'il est très-nécessaire de préserver vierge ; on appuie alors fortement la paume de la main sur cette feuille qui, en passant sur le papier à laver, humecté intérieurement, chasse l'air intercalé entre la planche et le papier. Il faut toujours chasser l'air du centre de la feuille vers les côtés.

On passe ensuite à la deuxième opération, qui est celle du collage à la colle à bouche. On humecte suffisamment la colle entre les lèvres et la langue, et l'appliquant le long des bords où l'on a fait un pli avec l'ongle du pouce ; on les colle en pressant immédiatement le papier ainsi enduit le long de la planche ou du carton sur lequel on veut appliquer le papier. On comprend, et l'expérience apprendra, qu'il faut éviter que le papier ne se plisse, et que l'air qu'on aurait pu négliger de chasser pourrait empêcher la tension uniforme. On évitera de faire sécher le papier devant le feu, qui fait quelquefois décoller une partie des bords.

L'architecte spécialement, dont l'art est tout mathématique, n'ayant pas besoin des avantages de coloris du peintre, n'a besoin pour ses dessins que d'une sorte de clair obscur ; une seule couleur, qui est l'encre de Chine lui suffit, et pour la représentation de ses ombres il imagina que les ombres produites par des corps saillants sur des arrière-corps devaient être soumises à des règles mathématiques. Il lui a donc fallu partir d'un point fixe pour ne rien faire au hasard, et l'ombre portée sous l'angle de 45 degrés lui a paru la plus convenable en ce qu'elle exprime la saillie même qui la motive et en donne la juste valeur. C'est pourquoi, aujourd'hui, la méthode la plus exacte et la seule reçue, est d'ombrer sous l'angle de 45 degrés les dessins géométraux d'architecture ;c'est-à-dire le rayon de lumière éclaire également les objets sur le plan horizontal et sur le plan vertical. Ce fut dans le siècle dernier que les élèves de l'académie d'architecture en offrirent les premiers exemples dans leurs projets destinés aux concours.

Avant cette époque, le lavis pour les dessins des édifices et des bâtiments d'architecture et de tous leurs détails était arbitraire. Les gravures de ce genre et les dessins les plus soignés en ce genre à l'époque de Louis XIV ne nous montrent que des teintes fondues sur les parties éclairées sans aucunes ombres bien déterminées. De là cette monotone indécision que l'on observe sur les dessins et les gravures de ce temps et même les gravures des temps antérieurs.

L'ombre portée sous l'angle de 45 degrés, a l'avantage de donner la vraie saillie des corps les uns au-devant des autres. Le lavis à l'encre de Chine et à la sépia ou d'une seule couleur doit exprimer le contour de toutes les moulures, soit qu'elles reçoivent la lumière directe ou qu'elles soient dans l'ombre, soit qu'elles reçoivent une lumière vive ou qu'elles ne soient éclairées que par des reflets, ce que l'on peut désigner par le clair-obscur.

Les reflets, qu'on peut aussi appeler des contre-ombres, sont produits par la lumière réfléchie et renvoyée par les parties ou les corps qui reçoivent la lumière directe; leur effet est donc en sens inverse mais beaucoup plus doux que les premiers et en harmonie avec la masse d'ombres portées sans dureté ni mollesse.

Ces ombres de reflets sont plus ou moins vives, selon que les corps qui les reçoivent sont plus ou moins rapprochés de la lumière qui les produit. Exemple : les ombres de reflets de la façade du Louvre sont peu apparentes à cause de la grande lumière qui l'entoure, tandis que celles des plafonds des galeries qui en font partie sont bien plus prononcées, la lumière s'en rapprochant davantage et étant renvoyée par le sol même de la galerie. Dans les intérieurs, surtout dans ceux où la lumière vive ne pénètre pour ainsi qu'accidentellement, l'harmonie est aussi plus difficile à saisir, à exprimer, les reflets étant toujours plus apparents par le renvoi du jour qui frappe sur le sol.

La masse d'ombre portée par un corps très-saillant doit être fondue vers le bas du sol qui, étant éclairé, la réfléchit plus tôt sans cependant la rendre indéterminée.

Celle portée horizontalement par le même corps doit être plus ferme et graduée de même à son arrivée vers le corps perpendiculaire qui la reçoit, la teinte devant être toujours plus forte près des corps qui la donnent, par l'opposition même du clair vif qui la produit. A mesure que les plans s'éloignent, l'ombre doit aussi se dégrader. Tout l'art est donc dans la justesse des tons qui doivent indiquer la distance des parties en les faisant se détacher les unes des autres et en conservant toujours la même entente pour les reflets.

Lavis de plans, façades et coupes.

Après avoir soigneusement tracé et arrêté votre dessin, il faut tracer légèrement les ombres que doivent porter toutes les parties saillantes sur les corps qu'elles recouvrent; je dis tracer légèrement, parce que si elles étaient trop apparentes, quoique tracées au crayon, elles pourraient cerner comme un trait leur extrémité qui ne doit être indiquée que par la teinte même.

Encre de Chine et papier.

La meilleure est celle qui donne un ton légèrement roussâtre et qui n'a point de crudité, défaut ordinaire de la mauvaise encre : le papier, quel qu'il soit, doit être bien uni, blanc, bien collé, sans autre apprêt. Effacez le moins possible avec de la mie de pain ou la gomme élastique. Cependant, comme on ne peut toujours éviter cet inconvénient, après que le trait est fait et les ombres tracées, il est bon de passer pardessus un peu d'eau pure sans y appliquer l'éponge autrement que pour ôter l'eau des endroits où le papier gode. Il est encore préférable de tenir levée la planche sur laquelle le dessin est collé, jusqu'à ce que le papier soit retendu.

Première teinte générale.

On délaie l'encre de Chine dans un godet en achevant de délayer avec le doigt pendant quelque temps les grumeaux que le pain de couleur n'aurait pas suffisamment écrasés. Quelques personnes qui ont à coucher de grandes teintes, les font quelquefois dans un godet en papier fort qu'on fait soi-même en formant un creux dans un pli de papier qu'on creuse en pyramide ou entonnoir. Quand vous posez votre première teinte, il est essentiel qu'elle soit d'un ton tel qu'il ne faille pas revenir sur les parties qui doivent être éclairées de reflets, car vous pourriez tomber dans la mollesse. Ne mettez jamais non plus une teinte plus faible sur une plus forte. Le lavis à l'encre de Chine ne veut pas être fatigué. Trois teintes graduées de force les unes sur les autres lui conservent la fraîcheur qu'il doit avoir pour être agréable à l'œil.

Les ombres produites par reflets doivent être de même bien ménagées et posées à propos, ainsi que les contre-ombres pardessus les parties saillantes, comme les corniches, architraves et autres saillies, pour les détacher des corps auxquels elles appartiennent. Faites aussi ressortir les portes et les croisées par une teinte ferme et presque noire, adoucie par le bas; c'est alors, quand toutes les teintes sont en harmonie, que les teintes plates sur les corps lisses, en accord avec leurs divers plans, sont de même posées par des tons plus prononcés, vous faites ressortir tous les ornements pour les détacher de leurs fonds, et en dernier lieu, vous placez des touches plus vigoureuses pour en faire valoir les détails.

Les plans de concours pour l'École des Beaux-Arts se lavent ou se pochent (terme spécial) en noir; les plans des projets pour les constructions soit d'édifices, soit de maisons, en rouge, et les plans projetés pour les restaurations, les constructions que l'on veut conserver, se teintent en noir, ce qu'on démolit se peint en jaune et ce que l'on projette en rouge.

Remarque.—On peut s'exercer à coucher des teintes unies de différentes nuances ou tons clairs, moyens et foncés, en se traçant sur du papier des sortes d'espaces variés de formes et de grandeurs comme le seraient des superficies de départements; il faut employer toujours deux pinceaux, un pour l'eau pure et l'autre pour la teinte qu'on couche. On commence, avec le pinceau légèrement mouillé et sans couleur, par suivre tout le contour sans le dépasser et allant vers l'intérieur on humecte toute la surface qu'on veut teinter, on prend ensuite le pinceau à la teinte d'encre de Chine et on agit, couchant la teinte que l'on veut. On observera que l'eau simple dont on a eu la précaution d'humecter son aire à remplir, ne sert qu'à noyer chaque coup de pinceau dans le coup de pinceau voisin, seul moyen d'obtenir la teinte uniforme sans reprise visible de pinceau qui ferait infailliblement des plaques et des taches, sans la précaution préalable d'humecter la place que l'on teinte.

Lavis topographique.

De la palette :

Les palettes les plus commodes sont de la forme d'un carré long, aussi grandes que possible. Les couleurs doivent y être délayées sur les côtés dans l'ordre le plus rapproché des couleurs du prisme. Le centre de la palette resté libre est réservé pour y opérer le mélange des teintes. Sous peine de se servir de tons sales et dénaturés, il faut la nettoyer chaque jour avant de s'en servir avec une éponge consacrée à cet effet; les tons frais surtout ont besoin de toute la pureté possible; car s'ils se trouvaient ternis ou rompus par le mélange des tons d'ombre, là où l'on aurait voulu mettre un ton lumineux, on n'aurait qu'une demi-teinte.

On peut également avoir une palette d'ivoire comme celle des miniaturistes; mais si l'on tient à éviter de la dépense, la première assiette venue peut suffire, et si l'on veut même délayer ses couleurs dans des coquilles de moules parfaitement propres, il n'y a aucun inconvénient à le faire.

La palette d'ivoire des miniaturistes est très-commode à

cause de sa légèreté, qui la rend très-portative même dans un portefeuille à dessin.

On vend aussi actuellement des boîtes à couleurs en tôle peintes à l'huile, contenant des couleurs en pastilles, et servant en même temps de palettes; les couleurs en pastilles sont d'un prix inférieur aux autres, mais ont l'inconvénient de se briser à la longue en se desséchant. Cependant, en les achetant chez certains fabricants consciencieux, on les trouvera aussi bonnes que les couleurs en pains; il faut seulement en épousseter ou laver souvent la superficie qui se charge très-facilement de poussière, et de même que dans la peinture à l'huile, les atômes poudreux font tache dans les teintes, et nuisent à la limpidité ou pureté des effets.

Application des teintes plates pour l'enluminure des cartes géographiques.

En topographie, le but de l'enluminure est, comme chacun sait généralement, d'aider, par certaines couleurs qu'on adopte, à reconnaître plus facilement les délimitations d'une province, d'un département ou d'un État. Jusqu'ici, ce genre de coloration a souvent dépendu du caprice de l'enlumineur, cependant il est plus rationnel d'adopter dans ce travail quelques règles utiles.

1° Les couleurs doivent être le plus pâles possible, afin que la lecture des noms soit toujours facile, sans fatiguer l'œil.

On préférera donc les couleurs que j'appellerai lumineuses: le rouge, le jaune, l'orangé, le vert gris dans leurs tons clairs, et on n'emploiera le bleu et le violet que très-pâles aussi; ces couleurs étant par leur nature, plus sombres que les autres.

2° Toutes les parties qui ont ensemble quelque rapport commun, recevront une seule couleur; chaque partie se distinguant des parties contiguës, par la différence du ton.

3e Il n'y a réellement que trois couleurs simples : le rouge, le jaune et le bleu ; toutes les autres sont composées par les mélanges infinis de ces trois couleurs mères.

Les boîtes de couleurs en pain, telles qu'on les vendait autrefois, et les pains de couleurs qu'on trouve partout, sont préférables aux pastilles de couleurs, pour le lavis topographique ; on les délaye dans des godets séparés et semblables à ceux qu'on emploie pour délayer l'encre de Chine.

4e Dans les tableaux graphiques, dont l'usage s'est beaucoup généralisé pour rendre accessibles à toutes les intelligences beaucoup de connaissances qui, jadis, n'étaient du ressort que d'un très-petit nombre, on tire un parti spécial des couleurs, pour graver dans la mémoire certains ordres d'idées, en rappelant aux yeux des rapports qu'on veut fixer.

S'il s'agit, par exemple, de représenter dans un seul tableau, dit synoptique (c'est-à-dire qu'on voit d'une seule œillade) des objets superposés suivant un certain ordre, on conviendra de représenter chacun d'eux par une des couleurs du spectre solaire prise dans l'ordre où elle se trouve placée, en partant du rouge. 1er Rouge, 2e orangé, 3e jaune, 4e vert, 5e bleu, 6e indigo, 7e violet ; dans le cas où le nombre de ces couleurs serait insuffisant, on prendrait différents tons de leur gamme, les modifiant au besoin, en ayant recours aux gammes les plus voisines de celle à laquelle ils se rapportent.

La connexion ou le mélange de ces objets peut se représenter par la juxtaposition des diverses couleurs ; de même que l'union de ces objets peut se représenter par le mélange de ces couleurs. L'application de ces idées rendra plus intelligible l'usage des cartes physiques, géologiques, minéralogiques, botaniques ou phytographiques, zoologiques, chronologiques ou historiques, politiques, administratives, militaires, itinéraires, routières, hydrographiques, célestes, etc., etc., dont les noms s'expliquent d'eux-mêmes.

L'enluminage ou coloriage des estampes, gravures, lithographies à sujets artistiques, scientifiques ou industriels, est devenu une profession dont la perfection est aujourd'hui très voisine de l'art. On emploie, pour l'enluminage, des couleurs à l'eau plus ou moins gommées; la gomme est destinée à leur donner plus d'éclat et de fixité en même temps.

Il est nécessaire, avant de colorier de cette façon, de donner aux estampes ou lithographies, un encollage préalable.

Composition de l'encollage pour lithographie.

Colle de Flandres,	1 partie;
Savon blanc inodore,	—
Alun en poudre,	—

Faites fondre votre colle avec le savon râpé, dans un litre d'eau, sur un feu doux et remuez jusqu'à mixtion complète; vous ajoutez alors l'alun en poudre, qui, en se dissolvant, donne au mélange la blancheur opaline du lait; vous passez le liquide et vous ajoutez pour vous en servir, l'eau nécessaire pour faire six bouteilles.

Emploi de l'encollage.

Vous prenez un gros blaireau plat avec lequel vous passez doucement l'encollage sur vos feuilles posées à plat, sur une table, où vous avez étendu des feuilles de papier gris bien propres; puis vous les mettez ensuite sécher à cheval sur une ficelle.

Il arrive quelquefois, quand elles sont sèches, que le papier se montre rétif à prendre la couleur, par surabondance d'encollage. Vous employez, dans ce cas, un peu de fiel de bœuf, délayé dans l'eau dont vous mettez un atôme dans la couleur.

Un peu d'eau-de-vie remplace également bien le fiel de bœuf. En principe, il faut employer pour le coloriage, les couleurs pures et aussi fraîches que possible, sans les rompre comme dans l'aquarelle artistique par des mélanges qui produisent des gris variés à l'infini ; cette recherche des gris étant rendue inutile par le travail du crayon lithographique, qui assourdit suffisamment les couleurs.

Exercices préliminaires conseillés aux amateurs pour l'étude du maniement du pinceaux dans le lavis en général.

La qualité et la contexture du papier, la manière dont il est encollé, la position horizontale, inclinée ou verticale dans laquelle il se présente sous l'action du pinceau; les inclinaisons diverses du pinceau lui-même, plus ou moins chargé de couleur, plus ou moins humide; la rapidité ou la lenteur calculée de la pose de chaque touche, constituent l'ensemble des points à signaler à l'attention particulière des amateurs, et qui feront l'objet de notre examen détaillé ci-dessous.

On se procurera des papiers blancs, de différentes sortes de grain, depuis la plus grande force (dit gros papier torchon) jusqu'au papier le plus lisse et le plus fin, pour faire connaissance avec le genre de travail de lavis qu'on devra adopter sur chacun. On pourra tendre sur un carton ou sur plusieurs petits bouts de carton, des carrés de chacune de ces sortes de papier, et l'on procédera sur le papier à gros grains d'abord qui est ordinairement très-fort et très-collé. L'on prendra successivement ensuite les papiers d'un grain moins saillant jusqu'à ce qu'on arrive au plus lisse.

On prendra d'abord un gros pinceau portant son auxiliaire, humide et sans couleur, à l'autre bout de la hampe, comme il a été dit à l'article *Pinceau.* On le chargera d'eau, et d'une couleur quelconque que l'on délaiera sur la palette en faïence, en roulant le pinceau dans les doigts jusqu'à ce que la teinte se présente bien liquide et sans petits grains. Alors, après avoir tracé légèrement sur le papier les contours d'un espace et d'une forme arbitraire, comme, par exemple, la surface d'un département ou d'un pays représenté sur une carte topographique, on se proposera de le remplir d'une teinte lavée, parfaitement unie et nette sur les bords. On commencera par couvrir un espace dont l'étendue sera un peu moindre que le fond d'un verre à boire; les grandes teintes étant plus difficiles à obtenir; on humectera premièrement avec le pinceau chargé d'eau sans couleur tout l'intérieur à remplir, en ayant soin de ne pas arriver jusqu'au bord qui est tracé et de laisser entre ce bord et l'eau qu'on a posée un petit filet sec de la largeur de deux ou trois lignes ; on se servira alors du pinceau chargé de couleur en partant de l'intérieur du trait de crayon allant vers le mouillé dans lequel chaque coup de pinceau se fondra vaporeusement. On fera tout le pourtour et on remplira en second lieu et rapidement l'intérieur de la surface à couvrir, en chassant toujours vers la partie centrale et humide ce que le pinceau peut contenir de surabondance de couleur; s'il se forme une goutte trop chargée, on l'étend avec un pinceau sec.

L'élève comprendra par la pratique et un peu d'attention sur ces essais, que le but qu'on a cherché en humectant préalablement la masse intérieure de l'espace à colorer, d'une teinte plate, a été d'empêcher les coups de pinceaux successifs de se voir dans leurs reprises, puisqu'ils se fondent dans l'eau qui n'a pas eu le temps de s'évaporer.

Il sera utile, pour se convaincre du rôle de l'eau pure pour fondre la couleur, d'expérimenter sur des gouttes d'eau de divers diamètres et plus ou moins liquides, et de les charger de couleur en les touchant dans le centre avec la pointe d'un pinceau plus ou moins fourni de matière colorante quelconque; on les laissera sécher d'elles-mêmes, et l'observation des divers résultats obtenus démontrera suffisamment le principe de dégradation de teintes claires ou foncées au moyen de l'eau.

Une série de petites gouttes d'eau contiguës de la grosseur d'un pois et rangées les unes près des autres, chargées avant qu'elles ne sèchent d'une quantité suffisante de couleur arbitraire, couvriront le papier d'un travail analogue à celui dont on se sert pour ébaucher le feuilleté de certains paysages.

Si l'espace qu'on voudrait peindre uniformément était plus étendu, comme l'est un ciel, on humecterait le papier avec l'éponge, mais il faut avoir soin de ne charger de couleur que lorsque le papier mouillé ne présente plus de parties luisantes d'eau, mais un aspect demi-mat et uniformément mat, qu'on peut, du reste, obtenir en tamponnant le mouillé légèrement avec un petit linge fin.

L'élève remarquera que le papier à gros grain prend difficilement la couleur sans être mouillé, le pinceau n'atteignant pas immédiatement le fond creux qui existe entre les grains; que de plus, par l'effet même de cette contexture sinueuse, les couleurs lourdes, telles que le cobalt, par exemple, et d'autres, y déposent des points qui font tache dans tous ces creux, sortes de vallées où s'accumulent les atômes colorés formant comme des lacs azurés.

Cette observation démontre la nécessité de ne pas travailler les teintes de cobalt, ou qui en renferment, en mouillant préalablement avec trop d'abondance; car si la charge du pinceau de couleur était trop forte par-dessus l'eau dont on aurait imbibé le papier, le cobalt, qui ne surnage pas, irait immédiatement se loger au fond des grains, et ne laisserait que trop peu de ses molécules à la surface des points saillants, d'où résulterait nécessairement une teinte bleue semée de points plus foncés.

Le papier dit *torchon* offre à l'artiste l'avantage des effets croustillants qui conviennent à de grands dessins qui doivent être traités avec hardiesse ; il favorise par ses aspects spongieux et éraillés obtenus par un pinceau rapide, l'imitation des murailles, des rochers, et en général de toutes les surfaces raboteuses. Il est moins propice au moelleux des nuages et au modelé d'une tête féminine dont la grâce et la jeunesse résulteraient des passages arrondis de toutes les parties du visage.

Il est très-important d'expérimenter sur chaque exercice avec patience, persévérance et méthode; et pour ne pas fatiguer l'attention de l'élève, nous recommanderons de ne pas compliquer cette étude par celle des mélanges. Elle viendra à son tour. La première chose à apprendre est le maniement du pinceau sur divers papiers de différentes qualités avec une couleur sans aucun mélange, prise au hasard sur la palette.

La seconde est d'opérer sur tous les papiers et successivement, avec des rouges, des jaunes, des oranges, des bleus, etc., etc., isolément, pour faire connaissance avec le plus ou moins de facilité qu'on éprouve à les étendre, à les fondre et à les retoucher sans dépouiller le dessous.

On s'exercera en troisième lieu à tirer le pinceau chargé, le long d'une ligne parfaitement droite, en le faisant agir de gauche à droite et de droite à gauche, de manière que sa pointe suive sans aucune déviation la droite tracée ; on descendra, et à mesure que les bandes se traceront, on en adoucira le bord avec le pinceau auxiliaire humide, afin qu'en reprenant une seconde zone, il ne se forme pas d'arête, et que la seconde, la troisième, la quatrième, etc., bandes se confondent avec la première en une seule et sans aucune tache. Pour faciliter ce travail, il est bon d'humecter préalablement avec l'éponge le papier, et comme il arrive que certains papiers sont quelquefois rebelles à prendre la couleur, qui se retire des parties grasses que leur surface peut avoir, on corrige cet inconvénient en dissolvant dans l'eau du verre une petite partie d'une préparation de fiel de bœuf que vendent les marchands de couleur à cet effet. Il ne faut en mettre que très-peu ; cette substance doit à peine colorer l'eau d'une teinte imperceptible. On peut aussi dissoudre un peu d'alun dans le verre, cela fixe les couleurs en les faisant adhérer au papier.

Teintes plates.

On remplira ainsi de teintes plates des carrés longs tracés légèrement au crayon et de différentes grandeurs, les uns horizontaux, les autres verticaux, puis des triangles de diverses formes, des polygones, etc., pour apprendre à faire agir le pinceau et la main en toutes directions avec liberté et sûreté, et à ne point faire de taches dans les teintes plates, claires ou foncées. On s'exercera sur de petites surfaces d'abord, et l'on finira par en couvrir de plus grandes.

Pour obtenir avec parfaite régularité une teinte quelconque, on sera toujours sûr d'arriver à un bon résultat en ayant soin de fondre immédiatement avec le pinceau humide chaque touche du pinceau qui couche la couleur, si la teinte à appliquer doit s'étendre sur beaucoup de surfaces (c'est ainsi, du reste, que le pratiquent les architectes). On prend un petit carré de papier fort et bien collé que l'on plisse, de manière à en faire un petit godet, et l'on y jette avec un gros pinceau quelques gouttes d'eau où l'on délaie en quantité suffisante la teinte que l'on veut, et l'on est ainsi plus sûr de ce qu'on veut appliquer. On s'épargne ainsi la difficulté qu'on éprouve toujours, surtout en commençant, à retrouver précisément la même valeur de ton de la couleur qu'on cherchait à employer.

Aux exercices de teintes plates, claires et foncées, dans des espaces rectilignes ou terminés par des lignes droites, on fera succéder des essais analogues sur des espaces circulaires ou terminés par des courbes.

Après avoir acquis l'habitude pratique des teintes plates de toutes formes, on s'occupera de la dégradation des teintes ; on commencera par une ligne droite, le long de laquelle on conduira le pinceau avec égalité de mouvement, sans déviation et sans repasser trop souvent. On fondra à mesure le bord d'un côté avec de l'eau. On apprendra ainsi entre deux lignes parallèles, en fondant régulièrement du bord tracé vers l'intérieur, à donner l'apparence d'une surface cylindrique arrondie comme une colonne; et en agissant pareillement sur le tracé d'un cercle vers le centre, on obtiendra la rondeur sphérique d'une boule.

Il sera utile de mettre sous les yeux de l'élève une bille ou boule de billard et dans un cercle tracé au compas, de lui en proposer l'imitation au moyen de ce qu'il sait dégrader une teinte avec de l'eau. Nous recommandons particulièrement aux personnes qui veulent avancer rapidement, de ne négliger aucune de ces études primaires, bien qu'ennuyeuses au premier abord, et de ne jamais perdre de vue que plus elles seront familières à l'élève, et plus les difficultés de l'imitation de la nature disparaîtront ensuite. Quiconque a le désir de réussir dans un art, doit se résoudre à subir courageusement les efforts ennuyeux que certaine partie mécanique de tout art présente.

Il vaudra mieux, pour la prompte satisfaction d'un amateur qui veut acquérir de l'habileté au lavis, commencer par de petits sujets de fabrique où il y a beaucoup de teintes plates, et de bien se rendre maître de l'exécution dans le lavis (dit monochrome ou camaïeu) à la sépia, à l'encre de Chine ou au bistre, avant de chercher à copier une aquarelle. L'enluminage de la lithographie dont nous donnons ici les notions, est un fort bon acheminement pour arriver à l'étude de l'aquarelle, et il peut être toujours amusant et agréable aux personnes qui n'ont même pas les premières notions du dessin.

Nous ajouterons ici, avant de terminer cet article, la recommandation de faire les exercices décrits précédemment, avec différentes grosseurs de pinceaux, pour en apprendre tous les effets, ainsi qu'avec des pinceaux plats et carrés. On s'exercera aussi à faire des essais de ciels dégradés, et où les nuages blancs s'obtiendraient en réservant leurs contours et en fondant les bords pour éviter les duretés. On remarquera que la teinte plate ou dégradée demande toujours une humidité égale de pinceau, pendant tout le temps qu'on met à l'exécuter, et que si par hasard on y laissait tomber une goutte d'eau, il s'y formerait immédiatement une tache blanche.

On peut enlever des clairs sur une teinte quelconque en les touchant dans la forme voulue par le sujet avec de l'eau pure qu'on laisse un instant sur place et en frottant rapidement avec un chiffon de soie, immédiatement après.

Observation générale relative aux papiers.

Le grain plus ou moins fin du papier influe trop immédiatement sur l'exécution pour être traité avec indifférence.

Il faut préférer le papier lisse et fin de grain pour les sujets qui ont de la délicatesse, les petits sujets qui demandent une grande fraîcheur de touche et de coloris, tels que les fleurs, les petites figures à costumes de genre ou de petites vues, qui prendraient un aspect presque repoussant sur le papier torchon. On doit proportionner le grain du papier à l'importance et au fini du sujet, et on doit également y proportionner aussi l'abondance de l'eau dans la couleur. Il faut mettre beaucoup plus d'eau dans les grandes teintes sur papier torchon que sur les autres papiers, et opérer avec le pinceau simplement humide sur le papier lisse; sur le bristol, qui ressemble presque à l'ivoire, le mode de travail se pratiquera presque à sec, trop d'eau empêcherait les couleurs de prendre. Ce papier demande à être peint très-franchement et sans revenir pour obtenir les vigueurs ; il offre de grands rapports avec le travail de la miniature. Le bristol français a souvent l'inconvénient de se pelucher, si on le fatigue sous le travail d'un pinceau assidu, et, règle générale, l'aquarelle, sur quelque papier que ce soit, exige la plus grande franchise du coup de pinceau.

Les pinceaux, la touche et l'inclinaison ou position qu'on doit adopter pour son travail.

Le raisonnement et la simple observation sur la nature d'un gros pinceau chargé de beaucoup trop d'eau et de beaucoup trop de couleur démontrent qu'en le tenant verticalement, dès qu'il touche le papier du stirator (tenu horizontalement) il y dépose une grosse tache ronde, qui, si vous la laissez sécher dans cette position et selon la couleur employée, sera d'une certaine disposition moléculaire. Il pourra se faire que la couleur s'y dépose plus abondamment au centre que sur le bord ; il pourra se faire aussi que le contraire ait lieu ; on y observera quelquefois que certaines couleurs s'y déposent sous forme de végétations arborescentes. Il y aurait là beaucoup de sujets à réflexion pour un chimiste ; mais ceci est en dehors de notre sujet. On pourra en conclure que si l'on tient le pinceau incliné, la couleur descendra moins abondamment dans sa pointe ; que, par conséquent, voulant donner une touche ferme et large en même temps, il faut y ménager l'eau pour empêcher la couleur de descendre *trop vite ;* que, pour faire des touches vives, nettes et vigoureuses, on doit mettre peu d'eau et employer un pinceau moyen ou petit à pointe bien fine, et le tenir verticalement. Pour faire un ciel dégradé, on peut incliner son stirator en tenant la partie foncée vers la poitrine et la partie claire en haut, de cette manière l'inclinaison du stirator sur le pupitre aide à la couleur à se dégrader du clair au foncé.

De la gouache.

Ce genre appelé guazzo, gâchis liquide, par les Italiens, est un diminutif de la détrempe. Ce dernier genre se peint sur toute espèce de champ dont la surface n'étant pas huileuse peut retenir la peinture. La palette de la détrempe comme celle de la gouache est aussi étendue que variée, mais on doit préparer ses teintes beaucoup plus vigoureuses et foncées à cause de leur affaiblissement qui s'opère en séchant. Les véhicules de ces peintures sont la colle de parchemin ou colle de Flandre. On broie les couleurs à l'eau légèrement gommée. La difficulté de la gouache est dans la rapidité de l'exécution qui ne donne pas toujours à l'artiste le temps de bien fondre les teintes, aussi le défaut qu'on peut reprocher au genre est-il la sécheresse ; on y obvie par des glacis légers moelleusement appliqués en dernier.

Si l'on veut remonter un ton, il faut attendre que la première couche soit parfaitement sèche ; souvent la retouche coule sur la teinte sans prendre ; passez alors un glacis de fiel de bœuf sur la place huileuse. A cette occasion, nous recommandons particulièrement d'avoir toujours un garde-main sous la main, et d'éviter le contact de la peau avec la couleur déjà appliquée et sèche, ce qui pourrait ternir et graisser en même temps la peinture.

Objets nécessaires à la gouache.

Mêmes objets que pour l'aquarelle. Une bouteille d'eau gommée, une bouteille de solution légère de colle de gants bien blanche maintenue tiède pour l'emploi ; c'est dans la solution de colle de gants qu'on délaye les mélanges et les teintes. Les pinceaux sont ceux pour aquarelle auxquels on peut ajouter les pinceaux de martre plats et carrés de diverses largeurs qu'on nomme queues de morue, employés à l'huile ainsi que quelques brosses à l'huile en soie de porc et quelques blaireaux dont l'expérience démontrera les utiles avantages.

Utilité de plusieurs palettes.

Il est bon d'en avoir plusieurs afin de pouvoir préparer plus largement les mélanges qu'on jugera nécessaires pour chaque genre. Certains artistes se servent de godets, jadis on employait des coquilles.

Les plus simples palettes sont des plaques ou carrés longs en verre double sous lesquels on colle du papier blanc par derrière.

On achètera les couleurs en poudre que l'on broiera soi-même à la molette sur la glace dépolie en y ajoutant l'eau gommée. On en vend aussi des assortiments tout préparés dans des flacons étiquetés si l'on ne veut prendre cette peine.

Le blanc joue le rôle le plus important dans la gouache où il entre dans presque tous les mélanges pour en éclaircir les nuances. C'est le blanc d'argent ou le blanc de zinc.

Les couleurs fondamentales sont, comme on sait, le blanc, le jaune, le rouge, le bleu et le noir.

Les blancs se font avec le blanc de plomb (céruse), l'oxyde de zinc, le blanc de craie (dit d'Espagne); les jaunes avec les ocres, le jaune de Naples, les chrômes; les bleus avec l'outremer, le bleu de Prusse, le bleu minéral, le cobalt, les cendres bleues, etc., etc., l'indigo; les rouges avec le carmin, le cinabre, les laques, etc.; les noirs sont ceux d'ivoire, d'os, de charbon, de fumée, de vigne, de pêche. Avec les rouges mêlés aux jaunes on fait les orangés, avec les bleus, les carmins et laques on fait des violets, avec les ocres et les rouges on fait des bruns. Il y a aussi des bruns tout faits, les terres d'ombre, de Sienne naturelle, les terres brûlées, dont l'emploi est le même que dans la peinture à l'huile; tous les verts de la peinture à l'huile peuvent s'appliquer en gouache.

Règle générale. — Si on mêle des couleurs simples par deux, on aura toujours des mélanges frais et agréables. Il suffira de mêler trois des couleurs simples fondamentales pour avoir des tons rompus, c'est-à-dire des gris.

Si l'on a à couvrir des surfaces considérables avec les mêmes teintes, telles que des ciels, des murs unis ou certains terrains, il est bon d'en préparer à l'avance les mélanges assez abondamment pour ne point en manquer, car, si cela arrivait, on aurait beaucoup de peine à raccorder et à retrouver précisément le ton désiré; la première teinte ayant eu le temps de sécher, la retouche ferait toujours une couture avec la première. Quand on a préparé son mélange dans le godet ou sur la palette, il faut le laisser suffisamment évaporer avant de l'employer, afin de pouvoir en l'employant brosser uniment d'un coup sur le champ qu'on veut couvrir en le maintenant toujours à un degré de fluidité également uniforme.

Aquarelle Gouachée.

Les couleurs d'aquarelle en pastilles ou en pains, mêlées au blanc de gouache, à la gomme et à l'eau de colle de gants, sont aussi un moyen de peindre à la gouache, très-applicable pour des ouvrages de moyennes dimensions, tels que : dessins d'albums, fleurs, fruits, paysages et figures de genre.

On peut aussi préparer les couleurs de gouache avec la manne en larmes. Faites dissoudre dans un demi-verre d'eau bouillante une once de manne, on la passe dans un linge et on met à refroidir dans une fiole que l'on conserve. Pour l'employer on prend de cette sorte de pommade blanche, et l'on y mêle moitié de la couleur en poudre avec la molette; ces couleurs, ainsi préparées, sont solubles avec le pinceau humide quand elles sont sèches, et s'appliquent très-utilement comme rehauts de gouache dans de l'aquarelle, ces rehauts supportent très-bien les glacis et on les peut gommer pour leur faire perdre le mat, si on le juge à propos.

Le mélange de l'aquarelle et de la gouache permet à l'artiste un très-haut degré de perfection dans le coloris qui, par la combinaison habilement entendue des couleurs opaques ou couvrantes et des couleurs transparentes de l'aquarelle superposées en glacis, offre des moyens d'imitation vraie aussi étendus que ceux de la peinture à l'huile.

La détrempe commune.

Les peintres donnent ce nom aux couleurs délayées dans de l'eau avec de la colle de peau, de la gomme ou du blanc d'œuf, sans graisse, ni huile, ni résine. L'enduit des maisons est une couche de blanc de céruse, d'ocre, et de colle de peau. Il a la détrempe au vernis et le blanc des carmes, ou chaux détrempée dans l'eau et ensuite colorée. La détrempe s'emploie dans le bâtiment pour couvrir les plafonds, les boiseries, les lambris, et pour peindre les décorations de théâtre. Avant l'invention de la peinture à l'huile on employait la détrempe à faire des tableaux. Ant. Corrège, Guill. Bawr de Strasbourg, en 1610, Beaudoin, gendre de Boucher, Noël, etc., etc., ont excellé dans ce genre.

La peinture à fresque.

De l'italien *fresco*, *frais*, s'exécute sur un enduit encore frais dans lequel la couleur pénétrant s'incorpore et acquiert par cela même plus de solidité que la détrempe. C'est la vraie peinture monumentale. Les grandes surfaces des édifices qu'on veut décorer dans ce genre, reçoivent d'abord un crépi de chaux, de sable fin de rivière et de brique pilée. Quand ce crépi est bien sec on étend dessus, après humectation, un enduit de chaux éteinte ou endormie au moins depuis six mois, et de sable fin qu'on remplace en Italie par ce qu'on nomme de la pouzzolane. L'ouvrier chargé de ce travail n'enduit que la place que l'artiste devra peindre dans sa journée, et ce dernier ne devra commencer à peindre que lorsque le mortier est assez ferme pour ne pas s'enfoncer sous le doigt. Alors on transporte sur la préparation, les feuilles de papier dites cartons, où on a préalablement arrêté la composition de son sujet en dessin ; on en fait le décalque avec une pointe sèche ou au moyen du poncif (trait piqué des contours), puis à l'aide des couleurs préparées dans des pots ou godets, on les étend à l'aide de brosses plates à longs poils, en appliquant plusieurs couches superposées, parce qu'en s'imbibant elles perdent leur intensité. On peut revenir sur l'enduit frais et modeler par hachures pour fondre les ombres dans les clairs, On doit rejeter toutes les couleurs que la chaux altérerait, telles que le blanc de plomb, l'orpin, la laque, le vert de gris, etc. Le blanc de chaux est d'un bon emploi, pour les chairs, mêlé avec des ocres et des rouges. Il n'est pas vrai que la fresque soit un moyen fort durable, car les fresques de Raphaël et Michel Ange, qui n'ont pas beaucoup plus de 300 ans, sont très-détériorées, malgré la beauté du climat.

Les peintures dites encaustiques des anciens étaient beaucoup plus solides, puisque d'après les vieux auteurs les peintures de Polygnote étaient encore très-vives 900 ans après leur exécution.

Applications diverses de la gouache et de la détrempe.

Ces genres sont très-favorables au paysage, aux décors de théâtre, pour les tableaux de moyennes proportions et pour les esquisses. Un bon coloriste y obtient toujours des tons frais, éclatants et veloutés, comme ceux du pastel.

Mais la principale difficulté consiste à savoir bien proportionner sa gomme à chaque couleur et à peindre franchement et habilement, car la gomme est siccative et il devient bien vite impossible de retoucher.

Aussi est-il bon d'ajouter à la gomme, qui trop abondamment employée écaillerait, quelque corps glutineux tel que le jaune d'œuf, ou de substituer à la gomme la sarcocolle.

La gouache vernie, procédé dont on a vu, en 1839, des spécimens à l'exposition, a pour but de remédier à ces inconvénients; elle perd son aspect mat sous les vernis et devient presque aussi résistante que la peinture à l'huile.

La figure, les animaux, le paysage, les fleurs, les fruits, les natures mortes et attributs, s'exécutent aussi bien à la gouache et à la détrempe qu'à l'huile.

Mais l'industrie, qui les applique à tout ce qui la concerne, a besoin d'étudier les moyens d'en rendre l'emploi le plus solide et facile, le plus économique et le plus durable..

La gouache sur *papier* exige un papier bien collé et suffisamment lisse et fort. Les pores d'un papier et d'un carton trop grenus, feraient des taches dans les teintes qu'on ne pourrait pas coucher uniment.

La gouache sur *peau de vélin*, convenablement tendue, permet un fini aussi précieux qu'on puisse le désirer.

La peinture héraldique ou relative à la représentation des armes de familles nobles, qui constitue l'étude du blason, s'exécute avantageusement et d'une façon durable sur la peau de vélin. Les personnes qui veulent se livrer à ce genre de peinture feront bien de visiter les collections de miniatures du moyen âge et de la renaissance que renferment nos musées et nos bibliothèques. La peau de vélin doit être bien préparée, et les couleurs de gouache exigent un encollage convenable.

Encollages.

La peinture à l'œuf était généralement employée au XIVe et XVe siècle; l'invention de la peinture à l'huile a fait abandonner ce moyen. On ignore si l'on employait le jaune d'œuf seulement, ou si on usait du jaune mêlé au blanc. Le jaune d'œuf dissolvant les corps résineux, on peut lui associer les résines et lui communiquer aussi plus de tenacité.

Les encollages peuvent être mêlés dans les couleurs ou couchés sur les objets à décorer et à la place qu'on veut peindre.

Leurs qualités principales doivent être l'incoloration,

l'adhérence et l'élasticité, après dessiccation, afin que la peinture à laquelle ils servent d'assiette et où ils sont incorporés soit à l'abri du gerçage ou du fendillement.

Ces conditions ne sont pas toujours faciles à réaliser.

Les substances reconnues par l'industrie comme les plus propres aux encollages, sont : l'amidon, la dextrine, la fécule et les farines ; pour l'application de certaines couleurs sur les étoffes, la terre de pipe sert à prévenir le retrait trop brusque d'une couleur qui contracterait un tissu et s'oppose en même temps au coulage d'une couleur trop claire, la maintient sur le point où elle a été déposée par le pinceau ou la planche d'impression.

La gélatine donne du corps à la couleur et la rend hygrométrique. Le chlorure, ou le nitrate zincique, et le saccharate calcique, ont la propriété de s'opposer à la coagulation de la couleur.

L'alun sert principalement dans les teintures comme mordant des couleurs, il est d'autant plus estimé qu'il contient moins de sulfate de fer, attendu que ce sel donne à l'alun la propriété d'altérer certaines couleurs délicates, telles que la gaude et la cochenille. On reconnaît la présence du fer dans l'alun en ajoutant à sa solution quelques gouttes de ferro-cyanure de potassium ; s'il y a du fer, le mélange se colore immédiatement en bleu.

Éventails.

La peinture d'aquarelle gouachée pour l'industrie des éventails exige le plus grand soin et la plus grande propreté, elle s'exécute sur bois, sur papier, sur peau de chevreau, dite cabretille ou canepin, sur soie, sur gaze, tulle et crêpe.

L'éventail moderne, dit éventail à feuille, se compose d'une surface ou feuille taillée en segment de cercle appliquée sur une monture plus ou moins riche, composée de tiges légères ou brins réunis d'un bout par une rivure souvent bijoutée et s'ouvrant et fermant à volonté. L'ivoire, la corne, l'os, la laque de Chine, l'écaille, le citronnier, le santal, l'ébène, l'or, l'argent, les ciselures, les pierres précieuses, sont mis en œuvre pour le plus grand embellissement des éventails.

Les anciens éventails Pompadours du siècle dernier, peints par Boucher, Watteau, Lebrun, à la gouache, sont particulièrement estimés comme modèles du genre le plus recherché des belles dames. Le commerce des éventails est une des industries les plus riches du commerce parisien, qui en exporte annuellement pour plus de deux millions en Italie, en Espagne et en Amérique.

Peinture, décoration d'éventails sur peau de chevreau.

Les fabricants d'évantails fournissent aux artistes les feuilles en peau de chevreau ou autres matières toutes préparées pour le travail du peintre. L'artiste qui peindra les sujets doit en arrêter à l'avance la composition sur un papier végétal de la forme exacte, ou il aura soin de tracer les lignes de divisions des brins de la monture et ceux des plis, afin qu'en disposant ses figures il ne place aucun visage sur l'endroit des plis, ce qui serait d'un très-fâcheux effet. Il y a toujours dans les beaux éventails une partie riche que nous appellerons la face ou l'endroit, et une partie moins ornée ou plus simple destinée au dos et que nous appellerons l'envers, on y place ordinairement des trophées ou des attributs, quelquefois des amours, genre Boucher, voltigeant sur des nuages au milieu de guirlandes de fleurs, ou servant de supports à des initiales en chiffres ornés.

La peinture d'éventail doit toujours être exécutée dans des gammes de couleurs très-fraîches et claires. On doit toujours songer que ce gracieux jouet de la coquetterie est fait pour être vu aux lumières dans les brillants salons du grand monde, il ne faut pas qu'il vise à la vérité mais au charme vaporeux du coloris avant tout.

Les couleurs vues à la lumière n'ont pas le même effet que les mêmes couleurs vues en plein jour. La lumière artificielle des lampes ou des bougies donne aux blancs une teinte orangée très-claire qui, par comparaison avec les jaunes, fait paraître les jaunes clairs presque blancs. Les tons bleus se teintent conséquemment un peu en jaune et paraissent toujours légèrement verts, c'est pourquoi les bleus des ciels prennent un aspect turquoise, les roses sont plus dorés, les violets paraissent plus gris, les cobalts et leurs mélanges semblent gris également.

Procédé de peinture en couleurs à l'eau

Pour lequel la médaille d'Isis a été accordée à M. C. J. Roberston par la Société d'encouragement de Londres.

On peint sur du papier de Bristol, fixé avec de la colle sur une toile, que l'on préserve de l'action de l'air et de l'humidité en y collant par derrière une feuille d'étain. Après avoir tracé purement les traits du dessin avec un crayon de plombagine, on humecte le papier avec de l'eau, dans laquelle on dissout un peu de fiel de bœuf. On donne, d'abord, une teinte avec du brun de Van-Dyck et la quantité nécessaire d'eau de gomme. Pour obtenir cette teinte, l'on peut employer aussi la sépia ou d'autres couleurs. On emploie le brun de Van-Dyck et la sépia pour faire les ombres et les demi-teintes, les plaçant successivement et conservant avec soin les contours sans adoucir les bords. Ces premières teintes sont faibles; on les couvre ensuite par des lumières vives et, après plusieurs teintes, on se sert d'une grosse brosse bien mouillée pour étaler les couleurs, en ayant bien soin d'épargner les clairs; on continue cette opération jusqu'à ce que les ombres paraissent de la teinte convenable. Les demi-teintes doivent être beaucoup plus fortes qu'il ne paraît nécessaire, parce qu'elles perdent beaucoup de leur ton, quand on a appliqué les autres couleurs. Quand les premières teintes sont à peu près sèches, on peint les carnations avec de la laque de garance, qui est très-durable, pour les chairs de femmes, et, pour les autres, avec le *rouge indien* ou le *rouge de Venise* (carmin brûlé). On lave de la même manière jusqu'à ce qu'on ait obtenu les tons convenables; on peint ensuite avec de l'ocre jaune, ou de la terre de Sienne, et, pour les bruns des chairs, avec de la terre de Sienne brûlée. Les fortes ombres sont faites avec le brun de Van-Dyck, ou la terre d'ombre brûlée, mêlée avec le brun de garance, ou le rouge indien. Quand le tableau est porté au degré de ton convenable, on passe dessus, avec une grosse brosse, une légère dissolution adragante, à laquelle il est mieux d'ajouter un peu de gomme arabique, en prenant le soin de ne pas passer deux fois sur le même point, avant qu'il soit sec et de ne laisser aucune épaisseur qui formerait des raies. Le mieux est de passer la brosse en couches parallèles, dont les bords se touchent. On peut répéter plusieurs fois l'opération en laissant chaque fois sécher le papier, et on obtient une excellente surface pour travailler, et qui prend les couleurs d'une manière surprenante. On termine alors le tableau en le recouvrant de gomme adragant, jusqu'à ce qu'il soit achevé; on le vernit alors avec une dissolution, dans l'alcool, de colle de poisson préalablement gonflée dans l'eau, qui en augmente la solidité, l'éclat et la durée; et comme la colle de poisson n'est soluble dans l'alcool qu'au point d'ébullition, on peut laver le tableau avec de l'alcool froid sans inconvénient.

M. Robertson recommande de peindre tout, en général,

excepté les clairs, avec des couleurs sans éclat, vernissant, d'abord, avec la dissolution de gomme adragant, et enfin avec de la colle de poisson.

En employant toutes les couleurs séparément et sans mélange pour les ombres, les couleurs paraissent si brillantes qu'aucune des couleurs brillantes ne doit être employée, excepté la laque de garance. Toutes les couleurs sont terreuses, et il n'est pas nécessaire d'employer de jaune plus brillant que l'ocre jaune. Les lumières conservent ainsi toujours leur pureté et les ombres toute leur force, ce qui n'a pas lieu dans la peinture à l'huile, où les premières deviennent plus foncées et les dernières plus faibles. Le vernis nécessaire pour hausser le ton des ombres devient graduellement opaque et doit être enlevé après quelque temps, ce qui est dangereux, même entre des mains habiles.

Peinture à fresque facile à exécuter.

Cette peinture, qui est connue à Gênes et à Rome sous le nom de peinture *a sgraffito* ou *à égratignure*, peut servir pour la décoration d'intérieur et d'extérieur. Plus facile à exécuter que la fresque, elle résiste mieux aux injures de l'air, et son exécution est moins coûteuse.

Voici la première opération, que l'on fait exécuter par un maçon : on prend de la chaux vive, du sable très-fin, on en fait, à l'aide de l'eau, un mortier, que l'on colore en gris plus ou moins foncé en y ajoutant du noir de fumée ; on mêle le tout exactement. Lorsque ce mortier est préparé, on en recouvre les endroits que l'on veut peindre ; et, lorsqu'ils sont bien lissés et bien secs, on les blanchit avec de la chaux délayée dans de l'eau, contenant de la colle. Cette dernière couche étant sèche, on trace les dessins à exécuter, à l'aide de patrons ou poncis, piqués à jour qu'on applique sur le mur, et on fait ressortir les piqûres, formant les contours du dessin, en faisant usage d'un petit sac de mousseline, rempli de poudre de charbon, qui, frappé sur les traits, fait passer la poudre de charbon à travers les piqûres, et fournit un dessin, formé de petits points noirs (*voyez* planche II).

Lorsque le dessin est ainsi tracé, le peintre, en se servant d'une ou de plusieurs pointes de fer ou d'acier, unies ensemble, et formant une espèce de fourchette ou brosse, trace les objets, leur donne la rondeur nécessaire par des hachures. Le fond noir ou gris, qui est sous la couleur blanche, paraît alors, et forme les traits; dans les demi-teintes on met un gris léger, comme celui que l'on forme avec l'encre de la Chine, pour les lavis des plans.

La miniature en général

Le nom de miniature fut d'abord donné, au moyen âge, aux lettres de couleur rouge tracées au minium qui illustrent les chapitres et les paragraphes des manuscrits les plus anciens; plus tard il s'appliqua aux enluminures élégantes et délicates qui, au xve siècle, accompagnent les lettres. Aujourd'hui, on ne donne plus le nom de miniature qu'à un genre de peinture de petite proportion généralement exécutée sur ivoire, sur peau de vélin, sur certains papiers tels que le bristol, avec des couleurs délayées à l'eau de colle ou gommée. Quelques artistes sont parvenus à peindre la miniature à l'huile avec le moelleux et le fini que peut comporter la détrempe et la gouache.

Miniature sur ivoire.

Préparation et choix des plaques. — Tracé du contour.

L'ivoire se vend en tablettes très-minces; celles qui ont une teinte bleuâtre sont préférables, étant moins susceptibles de se fendre et de jaunir. — On les blanchit en les exposant au soleil ou à la chaleur d'un poële après les avoir placées préalablement entre deux verres. Pour les empêcher de se recoquiller, on les chauffe légèrement en les retournant de temps en temps, tantôt d'un côté, tantôt de l'autre, mais il ne faut pas attendre qu'elles deviennent tout à fait blanches, ce qui les rendrait trop fragiles et leur ferait perdre la transparence nécessaire.

Le polissage se pratique ensuite au moyen d'un rasoir ou d'un grattoir bien affilé, à lame droite, qu'on promène avec soin dans différents sens et d'un mouvement uniforme, en évitant de faire des raies ou lignes. On vient ensuite perfectionner ce travail avec la poudre de ponce bien fine qu'on frottera toujours en tournant et avec un tampon de papier bien collé ou avec du bouchon. On évitera de toucher, avec les doigts ou la main, la surface de l'ivoire, qui pourrait se graisser et refuser de prendre la couleur. On double alors l'ivoire de papier blanc que l'on colle seulement sur les bords en se servant d'une colle légère d'amidon bien pure ou de farine de riz qui ne laissent aucune tache; on le met ensuite en presse, et quand il est bien plat et bien sec on peut commencer à travailler.

A cet effet, on le fixe sur le pupitre ou chevalet avec des épingles ou de ces sortes de clous nommés punaises connus de tous les marchands de couleurs.

Il faut avoir un garde-main en papier ordinaire ou en bristol pour décharger le pinceau et essayer le mélange des couleurs. On a ordinairement deux verres d'eau, un pour l'eau pure et l'autre pour laver le pinceau quand on a besoin de changer de couleur ou de mélange.

On trace le contour à la mine de plomb le plus légèrement possible. Les personnes peu expérimentées font préalablement un décalque très-pur, sur papier végétal, du dessin à exécuter qu'elles transportent au moyen du papier de mine de plomb placé dessous, sur l'ivoire, en le repassant à l'aide d'une fine pointe sèche.

Ce trait de mine de plomb une fois bien assuré, on le repasse au pinceau avec le plus grand soin, en se servant de carmin et de bistre mélangés, ou de ce qu'on nomme le précipité rouge, ou bien du vermillon pour la carnation. Pour les accessoires et les vêtements, on trace avec la couleur dont on veut les peindre. Pour effacer on emploie un pinceau sans couleur, humecter simplement la place à enlever d'eau pure.

Les linges blancs ou transparents s'ébauchent avec du cobalt ou de l'outremer, ou avec des gris que l'on compose avec des verts clairs, du pourpre et du blanc, ou du carmin et du vert. On réserve les lumières.

Travail de la miniature.

On travaille avec légèreté, largement, et par hachures, les parties claires et les parties foncées, en indiquant bien le sens des formes par le modelé. Le travail du pointillé vient ensuite parachever cette ébauche. Il est essentiel de peindre le fond en même temps que les chairs; on le doit gouacher légèrement, et son exécution exige le plus grand soin, surtout dans le voisinage du contour, pour éviter les duretés et le découpage; un mélange de gouache et de pointillé donne un certain flou qu'on doit chercher autour d'un visage.

Les fonds d'une nuance verdâtre conviennent aux carnations fraîches et sont souvent choisis à cause de cela. Pour commencer, on ébauche les lumières et les ombres, puis on étudie les demi-teintes, dont la justesse caractérise par dessus tout le bon coloriste; on passe ensuite aux parties plus montées de ton, puis aux reflets, et l'on termine les vigueurs par des glacis touchés spirituellement et légèrement : l'harmonie des couleurs s'établit en liant les teintes entre elles par un pointillé bien rentré qui donne au travail le plus haut fini.

Objets nécessaires :

Un pupitre, une palette en ivoire ou porcelaine, une bouteille d'eau gommée, quatre pinceaux en petit gris, autant en martre rouge ou noire; un couteau à palette; un grattoir; une loupe.

Liste des couleurs les plus usitées dans l'aquarelle miniature.

Teinte neutre, — précipité rouge (poussière de Cassius),— bistre, — ocre rouge, — Vermillon, — laque ordinaire, laque brûlée, — Carmin, — terre de Sienne brûlée, — id. naturelle, — terre de Cologne, — sépia, bleu de Prusse, — Indigo, — cobalt. — outremer, — vert de vessie, — vert de Prusse, — noir d'ivoire, — blanc d'argent, — Rouge de Mars, — jaune de Naples, — massicot jaune, — gomme gutte, — jaune indien, — pierre de fiel, — ocre jaune, — ocre de Rue, — carmin brûlé, — laque violette, — garance brune dite brun de Madère.

Recette de l'eau gommée à ajouter aux couleurs pour leur donner de l'adhérence.

Trois quarts de gomme arabique bien pure, un quart de sucre candi blanc fondus dans un verre d'eau tiède ; ajoutez-y un demi-verre d'esprit de vin : après que tout est bien fondu et dissous passez au linge fin et tenez la liqueur bouchée pour éviter son épaississement.

Considérations générales :

Les couleurs des fonds, pour un portrait comme pour un groupe de plusieurs figures composant un tableau, doivent être calculées dans leur nuance, dans leurs détails de formes et dans leurs effets, pour le ressort le plus avantageux des figures. Les couleurs qui serviront à détacher chaque objet ou figure doivent donc être choisies pour contraster favorablement. Les fonds de miniature sont difficiles à bien faire ; on y obtient de bons résultats par un travail mixte et alternatif de hachures et de pointillé. Il faut beaucoup s'y exercer.

Nous indiquons ici deux palettes dont l'ordre et l'emploi nous ont paru très-utiles au figuriste ou peintre de portraits.

Première palette, de chairs.

Ocre jaune. Jaune de Naples.	Rouge capucine.	Rouge mars n° 2.	précipité violet.	Précipité rouge.	Laque rose.
Terre de Sienne naturelle.		Outremer.			Noir de bougie.
					Bleu de Prusse.
Terre de Sienne brûlée.					Bistre.
					Terre d'ombre.
Brun de Madère.					De Cassel ou de Cologne.

Deuxième palette, gouachée.

Rouge de chrôme.	Rouge capucine.	R. mars n° 2.	Carmin.	Laque.	Vermillon.	Cobalt.
Sienne naturelle.			Blanc.			Noir de bougie.
						Bleu de Prusse.
Sienne brûlée.						Cassel ou bistre.
Brun rouge.						Orpin jaune, massicot

La première palette s'emploie pour l'ébauche des chairs, et la seconde pour donner plus de corps à l'ébauche par les mélanges avec le blanc qui constituent la gouache.

Echantillons à faire de mélanges fondamentaux pour les chairs.

Teinte verte.— Outremer et terre de Sienne brûlée.
Autre teinte verte. — Sienne naturelle et outremer.
Teinte violâtre. — Rouge mars et outremer.
— — ou rouge indien et cobalt.
Autre violâtre. — Vermillon et outremer.
Grisâtre. — Rouge capucine et outremer.
Ton local de chair. — Vermillon et ocre jaune.
— — Avec une addition, au besoin, d'une pointe d'outremer.
Autre plus doré. — Sienne brûlée et laque.
Teints bruns, autre mélange. — Rouge capucine et ocre.

Le rose garance pur sert à varier ces mélanges.

L'outremer et le cobalt ne s'emploient que pour obtenir la place des veines et donner de la finesse à certaines demi-teintes.

Les bouches s'ébauchent à laque rose et au vermillon.

Godets des mélanges pour fonds.

On prépare dans des godets séparés quelques teintes aqueuses, composées d'ocre et de terre de Sienne pour les plus claires; de terre de Sienne brûlée et de mars, bistre ou précipité, de brun mars et de laque pour celles qui sont d'un brun chaud ; ou bien de bleu et de terre de Cassel, d'outremer, de noir et de laque, pour celles qui sont bleuâtres ou verdâtres, en mettant de l'indigo de préférence à l'outremer, avec l'ocre et la terre de Sienne, ou grisâtres, noir et précipité, enfin d'un ton indécis, grisâtre, roussâtre, ocre de rue, terre de Cologne et indigo.

On trempe le pinceau de martre dans l'un des mélanges qu'il convient de prendre pour la partie claire du fond qu'on jugera le plus favorable à faire ressortir la partie ombrée des cheveux; ensuite dans celui qui fera le mieux ressortir la partie claire en agissant de même pour la carnation et les étoffes sans nettoyer ni essuyer le pinceau; les teintes juxta-posées humides se fondront d'elles-mêmes; le haché et pointillé avec les mêmes teintes s'effectuera en dernier à sec et par-dessus ce premier travail préparatoire.

Principes généraux de coloration des chairs.

Les carnations des hommes, des femmes, des enfants et des vieillards, varient suivant l'âge et le sexe; les teintes locales, pour les jeunes hommes, rouge de mars, les parties ombrées terre de Cologne, de Sienne brûlée, rouge mars, bistre et outremer; l'incarnat des joues, les parties colorées du nez, de la bouche, du menton, ocre jaune, laque, vermillon et rouge mars; les ombres plus vigoureuses, repiquées des couleurs ci-dessus mentionnées, en faisant dominer les bruns réchauffés par la laque et le précipité. Le blanc des yeux, outremer léger, les parties ombrées bistre et précipité, la glande lacrymale ocre et laque ou carmin. Les ombres des cils et de la paupière, outremer, ocre, bistre; la prunelle, pour les tons bleus et verdâtres outremer et bleu de Prusse, et une pointe de bistre; le point noir de l'œil, noir de bougie et précipité, pourpre de Cassius. Les points lumineux de l'œil et de toutes les autres parties se font de blanc d'argent ou de zinc avec un pinceau fin et pointu de martre noire. On fait aussi des noirs et des bruns plus ou moins chauds avec un mélange de bleu de Prusse, de sépia et de laque. Les demi-teintes verdâtres, grisâtres, violâtres, s'obtiennent d'outremer et d'ocre, de cobalt et rouge indien, d'encre de Chine et d'ocre de noir d'ivoire et outremer. Les reflets se font d'ocre de terre de Sienne brûlée, sienne naturelle, mars, bistre et outremer. Le principe de coloration pour le cou, la poitrine et les mains, est le même que pour la figure.

Les teintes locales, pour les femmes et les enfants, se font, pour les clairs, d'ocre, vermillon et laque, pour les foncés terre de sienne brûlée, mars, bistre et outremer; les parties, colorées des joues, la bouche, le nez, le menton, d'ocre, laque et vermillon; ombres vigoureuses; les mêmes couleurs que plus haut, repiquées par l'ocre, la laque et le précipité. Pour les yeux, l'on procède comme plus haut pour les hommes. Les demi-teintes bleuâtres, outremer et pointe de laque, demi-teintes verdâtres, encre de Chine et ocre, outremer ou cobalt et ocre ; demi-teintes grisâtres outremer précipité et une pointe de noir de bougie. Reflets ocre jaune, terre de Sienne brûlée, idem naturelle outremer et laque. Même principe de coloration pour le cou, la poitrine et les mains, que pour le visage. Il faut s'attacher particulièrement à soigner les demi-teintes, qui sont toujours des gris colorés, et de la justesse desquelles dépend toute la fraîcheur et l'éclat des parties éclairées ou lumineuses.

Les reflets un peu accentués se rendent avec l'ocre, l'outremer, la laque, la terre de sienne ordinaire idem brûlée; pour les phalanges et le bout des doigts, le vermillon et la laque, les ongles avec la laque et l'outremer.

Ombres vigoureuses des narines et des coins de bouche.

La sepia et le carmin, la laque et la terre de Sienne brûlée, sont les couleurs parmi lesquelles on trouvera toutes ressources nécessaires à rendre les ombres plus ou moins sanguines, chaudes et fermes.

Pour les vieillards pâles, les teintes locales consistent, pour les clairs, ocre jaune, en terre de Sienne brûlée et peu de bistre; les parties ombrées, ocre et teinte neutre, ocre et encre de Chine, mars et bistre outremer et brun de mars; peu de rouge et un peu de laque et ocre pour les lèvres; ombres plus vigoureuses, avec les couleurs ci-dessus réchauffées de précipité, un peu d'outremer et de laque pour les yeux, même emploi de couleurs que pour les têtes d'hommes, de femmes et d'enfants, les glandes lacrymales moins rouges et moins vigoureuses. Les demi-teintes bleuâtres, outremer et peu de laque. Celles grisâtres, outremer, précipité et noir de bougie, pour celles verdâtres, outremer et ocre et une pointe de précipité. Pour le reste des carnations, mêmes couleurs que pour hommes plus jeunes, en laissant dominer les tons grisâtres.

Les cheveux doivent être ébauchés en même temps que les carnations par des à-plat d'abord clairs; ils sont difficiles à traiter, à cause de la légèreté et de la hardiesse de pinceau qu'ils exigent. Il ne faut pas mettre les ombres avant que le premier à plat soit bien sec. On suivra pour la barbe les mêmes indications.

Les cheveux *blonds* s'ébauchent avec de l'ocre et du bistre et une pointe de laque; les cheveux blonds de lin des enfants s'ébauchent avec l'ocre et le jaune de Naples; on ombre avec le bistre et l'outremer, l'ocre, l'outremer et un peu de laque; les vigueurs avec l'ocre, le précipité et le bistre. On passe en dernier un glacis général d'ocre léger; les parties luisantes se touchent avec du blanc mêlé d'un peu d'ocre. On observera de ne jamais passer aucun glacis sans que le dessous soit bien sec.

Règle générale. — Chaque fois que vous ajoutez du blanc dans vos mélanges, remettez un peu de gomme.

Si les couleurs des mélanges qu'on a préparés pour les teintes locales ou les teintes de fonds se dégomment par l'emploi de l'eau qu'on ajoute en travaillant, on aura soin de remettre un peu de l'eau gommée toute préparée. On fera bien, pour les parties d'ombres, et spécialement pour les ombres des cheveux, de gommer un peu plus la couleur.

Les cheveux *châtains* se font de teintes locales générales, composées de mars, bistre, noir de bougie et une pointe de laque. On revient dans les ombres avec la sépia, le mars, bistre et laque. Demi-teintes outremer, les vigueurs de précipité et sépia. Glacis général, ocre, mars et bistres; rehauts clairs touchés de blanc, mars bistre et ocre mélangés, puis du blanc mélangé d'une pointe d'ocre dans les lumières.

Les cheveux *noirs.* — Teintes locales noir de bougie et sépia ; on revient par-dessus avec le noir de bougie, le précipité, sépia et outremer. Demi-teintes outremer, les vigueurs comme dans les ombres, plus soutenues et plus gommées. Glacis général d'outremer et laque mêlés de noir de bougie. Les clairs touchés avec le blanc mêlé de sépia et noir de bougie et les lumières avec le blanc et une pointe d'outremer.

Cheveux *gris.* — A plat général bistre, noir de bougie et outremer légers; ombres des mêmes couleurs plus soutenues; demi-teintes, ocre et un peu d'outremer, glacis général d'ocre et outremer, parties claires touchées de blanc, ocre, outremer, rehauts de blanc en dernier.

Cheveux *blancs.* — Se servir du fond de l'ivoire comme demi-teintes et ombrer avec ocre, outremer et bistre et pointe de précipité et d'ocre.

Cheveux *roux.* — Terre de Sienne brûlée et brun rouge, avec le blanc et plus ou moins d'ocre bistre et sépia au besoin.

Les fonds varient suivant les carnations, les nuances les plus généralement employées rentrent dans les tons bruns, gris et verdâtres, il est rare d'employer les tons bleus du ciel pur; les mélanges de teintes rompues, c'est-à-dire composées de trois couleurs mères, valent toujours mieux. Si l'on emploie des fonds de paysage ou d'intérieurs, les détails devront être toujours sacrifiés à l'état de silhouettes et absorbés par de l'ombre servant simplement de repoussoir au portrait sans attirer ni distraire l'œil par trop d'accent. Pour gouacher les fonds, on doit revenir souvent avec la couleur peu épaisse, jusqu'à ce qu'on ait suffisamment garni l'ivoire.

Mélanges pour fonds.

Préparez chaque mélange de fonds en trois tas; savoir: teinte foncée, teinte moyenne et teinte claire. Les mélanges se fond tout à fait bruns, composés de bistre, de terre d'ombre ou terre de Cologne, de noir et de blanc, dont on fait à l'avance un lavis gouacheux et gommé à point. On en donne d'abord une couche légère qu'on laisse sécher, on en donne ensuite une seconde couche plus épaisse sans toucher deux fois à la même place, et quand cette seconde couche est sèche, on la travaille en hachant et pointillant pour terminer.

Fond vigoureux. Prenez du noir, du bleu de Prusse, sienne brûlée, de l'orpin rouge et beaucoup de blanc.

On fait encore des fonds bruns un peu verdâtres avec de la terre de Sienne naturelle, du bistre, de l'outremer et du blanc.

Ou bien encore avec du noir, du stil de grain et du blanc, ou avec du bistre, du blanc et de l'outremer.

Du pointillé

Il y a diverses manières de pointiller. Les uns font des points ronds, d'autres un peu longs, d'autres hachent par petits traits entrecroisés en tout sens jusqu'à ce que cela paraisse comme grenu régulièrement, cette dernière façon est la plus expéditive. Le travail gras, moelleux et doux s'obtient mieux par des points, qui se perdent dans le fond sur lequel on travaille et qui ne paraissent qu'autant qu'il faut pour qu'on voie que l'ouvrage est pointillé. Les belles miniatures en émail, de Petitot, peuvent servir de types du plus haut fini qu'on puisse atteindre, l'art se cache en lui-même dans ses chefs-d'œuvre et le pointillé disparaît à force d'être rentré.

Les belles miniatures de Mme de Mirbel, d'Isabey, de Saint, de Mlle Herbelin, sont également admirables et bonnes à imiter.

Des rehauts.

Quand une pièce est très-avancée, on met sur les parties saillantes du modèle des traits d'une couleur encore plus pâle comme lumière, ce qui achève de donner du relief.

Pour un ciel, on prend l'outremer et beaucoup de blanc qu'on mêle ensemble et dont on fait une couche plus unie, se dégradant de plus pâle en plus pâle dans une teinte faite de pierre de fiel et de blanc qu'on peut animer d'un peu de rouge.

S'il y a des nuages, on épargne les clairs où ils se trouvent, c'est-à-dire qu'on n'y met pas de bleu ; mais on les ébauche si on les veut rougeâtres avec le vermillon, la pierre de fiel et le blanc ; s'ils sont foncés, on met du gris fait de blanc et de noir qu'on réchauffe d'un peu de laque, les lumières des uns et des autres se font de massicot, de blanc et de vermillon, selon la force qu'on veut obtenir, arrondissant le tout par un pointillé intelligent.

Quelques miniaturistes anciens ont introduit la mine de plomb, qui fait un bon gris pour les ciels.

Principe de Léonard de Vinci pour les fonds de portraits.

Le fond doit être, dans sa partie éclairée, plus coloré que la partie lumineuse du portrait et plus clair que la partie ombrée dans son ombre.

Autre règle. Si le fond très-rembruni donne plus de brillant et d'éclat à la figure, il a, comme les draperies vigoureuses, le défaut de rallier à lui, pour ainsi dire, les parties les plus ombrées de la tête qui, à une certaine distance, semblent en faire partie par le ton, et n'apparaissent plus que comme au travers d'un masque coloré et lumineux, ce défaut se remarque dans quelques portraits de Prudon.

En général, pour donner à une tête le plus de relief possible, placez-la sur un fond vigoureux et chaud de ton, surtout si la carnation est pâle et délicate, et sur un fond clair et vaporeux, plutôt même grisâtre si les chairs sont d'un ton chaud obscur et très-vigoureux.

Les écoles ou manières de faire des bons portraitistes sont aussi nombreuses que les écoles ou manières de traiter l'histoire.

Isabey a fondé l'école de la grâce vaporeuse et poétisée par tous les accessoires de l'élégance, les types féminins qu'il savait toujours embellir sans nuire à la ressemblance.

Mme de Mirbel a su joindre la fermeté à la grâce.

Applications industrielles.

Peinture sur bois à la détrempe.

Il faut préalablement appliquer un encollage fait de gélatine, de lait et de colle forte dans lequel on délaie du blanc d'Espagne et de la céruse ou mieux du blanc de zinc, le panneau devra avoir été bien plané; on peut donner une couche dans un sens, laisser sécher et donner une seconde couche, puis poncer soigneusement la surface. On peut alors peindre à la gouache comme on peindrait sur papier.

Peinture des éventails sur bois à la gouache.

Le dessin au trait de la composition une fois arrêté sur du papier végétal, on le décalque avec le plus grand soin sur chaque brin ou montant, en ayant la précaution de ne pas fatiguer la place de ce qu'on veut dessiner, soit fleurs, attributs ou autres, par des surcharges de lignes trop marquées qu'on aurait de la peine à effacer; on passe ensuite sur la silhouette de toutes les parties qui doivent être recouvertes de couleur, un encollage léger d'amidon et de blanc d'argent, et quand il est sec, on procède à la peinture comme sur du papier, en évitant d'exagérer les empâtements.

Peinture sur cuir à la gouache.

Le même encollage précédent s'applique sur les dessins et sujets, ornements, animaux, oiseaux, fruits ou fleurs susceptibles d'être appliqués à l'ornementation des porte-monnaies et autres objets de fantaisie dont la mode enrichit continuellement les articles du commerce dit articles de Paris. Ces peintures exposées à un continuel frottement ne peuvent être durables. On regrette de voir du talent et du goût artistique dépensés si ridiculement. On ferait un progrès dans cette branche d'art appliqué à l'industrie en trouvant une peinture plus résistante et aussi expéditive que la gouache. Nous livrons cette idée aux chercheurs émérites.

Encadrements de dessins et aquarelles. — Marges peintes derrière le verre.

On obtient, au moyen d'une couche de peinture à la colle de peau ou en détrempe, des marges blanches ou imitant le papier teinté en préparant une teinte de blanc ou de gris ou bleuâtre, selon la nuance qu'on veut avoir; on la couche bien uniformément derrière le verre avec un pinceau convenable plat, on la laisse sécher et, avec un grattoir, on purifie les côtés du carré dans lequel le dessin, gravure ou aquarelle, doit venir s'enchâsser, ce système, peu connu, est très-facile et avantageux.

TABLE

LAGNY. — Imprimerie de A. VARIGAULT

fr. c.

A B C du Dessin et de la Perspective, orné de 8 planches d'étude graduées. 1

Le Dessin expliqué, mis à la portée de toutes les intelligences. 1 vol in-8°, orné de 30 sujets d'étude. 1

Le Paysage et l'Ornement. 1 vol. in-8°, orné de planches d'étude. 1

L'Aquarelle et le Lavis, par Goupil. 1 vol. in-8°, avec planche. 1

Le Pastel, par Goupil. 1 vol. in-8°, avec planche. 1

La Peinture à l'huile, suivi d'un Traité de la restauration des tableaux, par Goupil. 1 vol. in-8°. 1

Peintures sur Porcelaine dure, tendre, émail, miniature, faïences, verre, etc., procédés perfectionnés des manufactures de Sèvres, etc. 1 vol. in-8°. 2

La Miniature. 1 vol. avec planche d'étude. 1

La Photographie pour tous, traité simplifié. 1 vol. in-8°. . . . 1

Guide du Peintre-Coloriste, comprenant le coloris des gravures, lithographies, vues sur verre, pour stéréoscope; du Daguerréotype et la retouche de la Photographie à l'aquarelle et à l'huile, par C. Lefebvre. 1 vol. in-8°. 1

Manuel général du Modelage en bas-relief et en ronde-bosse, de la Sculpture et du Moulage, ouvrage orné de planches, augmenté d'un grand nombre de procédés nouveaux, utiles et agréables aux amateurs, par F. Goupil, professeur de dessin et élève d'Horace Vernet. 1 50

Géométrie et Dessin linéaire familier, suivi du DESSIN D'APRÈS NATURE, SANS MAÎTRE, orné de 250 figures, par Goupil. 1 vol. in-8°. 2

Traité de la Photographie, Résumé des procédés les meilleurs pour la plaque métallique, le papier sec et humide, la glace albuminée ou collodionnée, la gravure héliographique, la lithographie, le cliché typographique, le stéréoscope, l'hélioplastie, l'amplification des images, la damasquinure, la photographie sur tissus, collodion sur toile cirée; avec l'indication des instruments nouveaux, par J.-B. Delestre. 1 vol. in-8°. 1

Photographie-ivoire, ou l'Art de faire des miniatures sans savoir ni peindre ni dessiner, par Pinot. 1 vol. in-8°. 6

Recueil d'Anatomie portatif à l'usage des artistes, par H. Poquet. 1 vol. 5

Manuel artistique et industriel, contenant les Traités de Dessin industriel, de Morphographie, des Ombres, Hachures et Estompes, etc., avec 22 planches d'étude. 1

La Perspective, ou l'Orthographe des formes. 1 vol. in-8°, orné de planches. 1

L'Art de préparer les Plantes marines et d'eau douce, pour les conserver dans les collections d'histoire naturelle, et en former des Albums pour leur étude, etc. 1 vol. in-12. 1

Manuel du Mécanicien constructeur de machines à vapeur, par Ch. Joubert. 1

LAGNY. — Imp. de A. VARIGAULT.

[illegible] 1 vol. [illegible]

[illegible]

[illegible]

[illegible]

[illegible] de [illegible] [illegible]

[illegible] 1 vol. [illegible]

[illegible] [illegible] [illegible] [illegible] [illegible] [illegible] [illegible] [illegible]

[illegible]

www.ingramcontent.com/pod-product-compliance
Lightning Source LLC
LaVergne TN
LVHW012008160826
845678LV00002B/713

* 9 7 8 2 3 2 9 6 6 8 0 5 5 *